AF561974

MÉMOIRE

SUR

LA RÉORGANISATION

DE LA COLONIE

DE SAINT-DOMINGUE.

MÉMOIRE

SUR

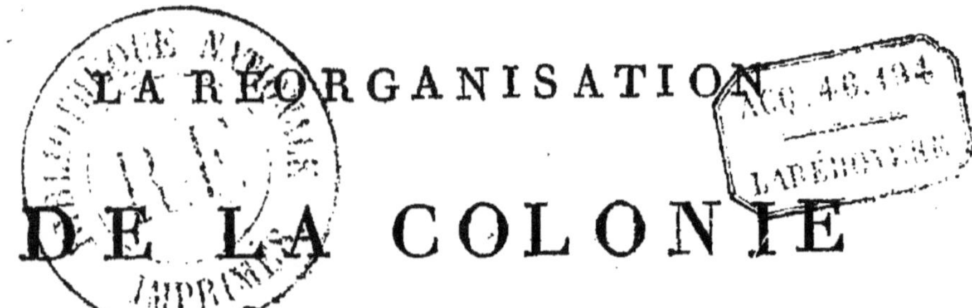

LA RÉORGANISATION DE LA COLONIE DE SAINT-DOMINGUE;

PAR VICTOR COLLOT,

EX-GOUVERNEUR DE LA GUADELOUPE;

Précédé de quelques vues générales sur un systême de colonisation.

Nous avons tout conquis, et nous manquons de tout.
(*Les soldats Macédoniens à Alexandre.*)

PARIS,

25 Frimaire an 9. (Déc. 1800.)

MÉMOIRE
SUR
LA RÉORGANISATION
DE LA COLONIE
DE SAINT-DOMINGUE,

Précédé de quelques vues générales sur un système de colonisation.

PREMIERE PARTIE.

CHAPITRE I.er

Idées générales sur un système de colonisation.

Tout le monde dit que de bonnes colonies peuvent contribuer au bonheur de la France, et nous disons qu'il ne peut exister de bonheur pour la France, sans de bonnes colonies.

La masse de toutes les nations européennes; la masse de la population française encore plus particulièrement, se compose de pauvres. Ceux-ci ne peuvent sortir de leur état, quand les salaires de l'industrie sont bas, que le prix des terres est haut, et qu'il n'y en a pas suffisamment; mais comme, pour changer ces circonstances, il ne se présente d'autres moyens que la migration de cette surabondance de peuple, il faut des colonies qui, par leur étendue, leur situation géographique et la variété de leurs climats, augmentent la force de l'Etat, au lieu de l'affaiblir.

Définition idéale d'une Colonie française.

Une colonie française *idéalement* bonne, devrait être :

1.° Un pays de l'empire situé au dehors, où l'on puisse employer au travail, les Européens, les créoles et les nègres précédemment esclaves; au plus grand bien de tous, et à l'avantage égal de la métropole et de la colonie;

2.° Un pays qui, pouvant se défendre par lui-même, augmente la force de l'état au lieu de la diminuer;

3.° Qui réunisse différens climats; des tempérés pour servir d'étabissemens premiers aux Européens; et des chauds, pour la fertilisation des productions utiles tant au commerce qu'à la métropole;

4.° Dont les intérêts se trouvent tellement combinés avec ceux de la mère-patrie, qu'elles ne puissent se détacher l'une de l'autre sans un détriment mutuel ;

5.° Susceptible de recevoir une législation propre à maintenir l'harmonie intérieure, et à consolider ses rapports avec l'empire ;

6.° Qui soit enfin assez productif pour attacher l'Etat à sa conservation, et que, dans aucun cas, elle ne puisse devenir pour lui plus onéreuse qu'utile.

C'est d'après ces bases générales qu'il conviendrait d'organiser les colonies que l'on possède déjà, et qu'on devrait choisir celles qu'on pourrait acquérir par la suite. Mais ici on se borne à appliquer ces principes à la colonie de Saint-Domingue qui, dans le rang des premières, se trouve la plus susceptible de recevoir une organisation conforme au plan proposé.

Une colonie française doit être cultivée par des citoyens de toutes les couleurs.

L'ancien système colonial était une barbare imitation du système de Sparte, où les seuls esclaves cultivaient les terres. Aussi le *Météore guerrier* de Lacédémone s'est-il évanoui promptement, et la patrie des Fabius et des Cincinnatus *a conquis le monde.*

La plus grande partie des pauvres en Europe, est une classe de cultivateurs ; ils regardent d'un œil triste, les terres de leur patrie, inaccessibles à leurs faibles moyens, qu'ils ne peuvent cultiver autrement que comme fermiers, valets ou mercenaires du riche. On n'a d'autres terres libres à leur donner, que dans les colonies, où on leur a dit que, sous un ciel brûlant, le seul naturel de l'Afrique peut faire cesser la stérilité de la terre; mais, sous ce dernier rapport, on les a trompés et vainement effrayés, en leur présentant ces climats comme inaccessibles pour eux. On les a trompés par ignorance ou par méchanceté. Si, dans un grand nombre de colonies, les travaux et les différentes cultures introduites jusqu'à present, n'ont pu être supportés par les blancs, c'est parce qu'ils ont essayé leurs forces et leur tempérament, sans y être nés ou du moins acclimatés; c'est parce qu'on n'a point choisi pour eux des localités convenables, telles que les sites montagneux; et qu'enfin, ne pouvant changer de lieu, on n'a pas voulu du moins changer de culture. Mais en suivant une marche opposée; en procédant par degrés à l'acclimatation des blancs; en choisissant pour eux des localités salubres, convenables à leur constitution; en leur appropriant des genres de culture moins pénibles que celles des ateliers ordinaires, on verrait avec étonnement qu'il existe beaucoup de colonies réputées jusqu'à présent cultivables par les seuls noirs, dans lesquelles on pourrait assigner un champ à l'Européen laborieux. La question se réduirait alors à décider s'il faut laisser en friche des territoires vastes et féconds, ou continuer d'acheter des noirs.

Des rivalités entre les métropoles et les colonies.

Les rivalités entre les métropoles et les colonies, sont généralement de deux espèces : rivalité de droits politiques, et rivalité d'industrie, c'est-à-dire, d'agriculture, de commerce, de navigation, d'importation et d'exportation. Sous l'empire d'une constitution républicaine, il semblerait que les rapports politiques de la métropole avec ses colonies, devraient n'offrir aucunes inégalités dans leurs droits respectifs; mais quand la loi a prononcé, toute discussion devient superflue, la métropole gouverne, et la colonie obéit.

Si, comme en Espagne et en Portugal, les deux tiers de la population métropolitaine se trouvaient au dehors, la question pourrait changer; mais comme aujourd'hui l'on compte à peine 80,000 ames au dehors, c'est-à-dire, environ $\frac{1}{300}$ de la population présumée de la France, la question des droits politiques des colonies, devient presque indifférente par le fait.

En supposant que la colonie commençât par produire du blé, du vin, etc., qu'aurait-on à redouter de cette rivalité d'industrie entr'elle et la métropole ? L'agriculture de cette dernière gagnerait même à l'émigration de ses propres cultivateurs, puisque la baisse des bien-fonds qui en serait le résultat, compenserait grandement la cherté de la main-d'œuvre qu'elle occasionne en même tems. L'agriculteur de France retrouverait ainsi ses bénéfices sur un profit plus considérable, dans la portion diminuée des denrées qu'il vend.

D'un autre côté, l'agriculteur de la métropole n'a pas beaucoup à craindre que les colons s'obstinent sur un sol tel que celui de Saint-Domingue, à cultiver en grand des produits de la France. Il est plus naturel de supposer que leur intérêt les portera toujours au précieux genre de culture dont est susceptible un sol excellent, favorisé encore par la température du climat. Les produits de la métropole, que l'on pourrait d'ailleurs cultiver en grand dans la colonie, seront toujours d'une nature si différente, qu'ils entreraient plutôt en concurrence avec les productions des autres pays qu'avec celles de la France. Par exemple, des vins que l'on cultiverait à Saint-Domingue, rivaliseraient plutôt avec ceux du Cap, de Chypre ou de Tockay, qu'avec ceux de Bordeaux ou de Bourgogne. Les grains seuls sont presque par-tout les mêmes, et nul Etat ne peut en défendre la culture dans ses colonies, puisque par-tout ils sont la nourriture du pauvre.

Rivalités de commerce.

Le but continuel du législateur doit être d'empêcher toute idée de scission entre les colonies et la métropole. A ce grand objet, et aux immenses avantages qui résultent d'une union aisée et généreuse, il doit sacrifier cet intérêt spécieux dont Montesquieu nous a laissé la meilleure image dans le sauvage de la Louisiane, qui coupe l'arbre pour cueillir le fruit.

Aussi long-temps qu'une colonie fait partie de l'Empire, que les riches s'en retirent, que les pauvres s'y rendent, qu'elle se débarrasse de sa population onéreuse, et qu'elle acquiert celle qui consomme ; tant qu'elle est un revenu pour le fisc et augmente la force de l'Etat, elle est suffisamment utile à la mère-patrie sans les exactions du monopole ; et les soulagemens qu'on peut lui accorder sont des soulagemens communs à tout l'Empire.

Importation, exportation, et navigation.

Le citoyen d'un pays ne peut raisonnablement se procurer, par les mains de l'étranger, ce qu'il peut recevoir de ses concitoyens. Si la métropole admet des articles de luxe, des manufactures étrangères, c'est un moyen qu'elle emploie pour échanger et consommer les produits des siennes : la colonie n'a pas le même motif de tolérance.

Forcer les colonies à faire des entrepôts de leurs denrées dans la métropole, est une vexation qui en augmente considérablement le prix ; et comme la cherté d'une marchandise nuit à sa consommation, il faut, pour l'intérêt commun de la métropole et des colonies, ne pas assujettir les denrées coloniales qui se transportent en Europe, à un entrepôt en France. La métropole doit se contenter des avantages que produit une marine marchande, occupée à transporter les productions du dehors : l'aggrandissement de la fortune générale est pour elle un intérêt suffisant. L'histoire des colonies de Grèce et de Carthage, le tableau de l'insurrection de la Nouvelle-Angleterre, ont suffisamment appris que des vexations légères suffisent pour fatiguer une grande nation ; qu'enfin on s'arrête un peu sur une importante vérité : *c'est que la concurrence des grandes Indes, d'après les progrès étonnans que la compagnie anglaise a fait faire à la culture dans ces immenses colonies, menace d'écraser, dans tous les marchés d'Europe, les denrées coloniales qui ne seront pas réduites au plus bas prix possible, par l'intelligence et l'économie des planteurs et la sagesse du Gouvernement.*

Une colonie doit augmenter les forces de l'Etat.

Quand d'autres nations rivales établissent une navigation, il faut aussi en établir une ; autrement on est dupe.

Si une colonie ne fait qu'augmenter le domaine géographique d'un Empire ; si elle ne fait qu'éparpiller sa population ; si elle ne peut se défendre que par des secours tirés de la métropole, elle en affaiblit les forces, et coûte souvent plus à l'Etat pendant une année de guerre, qu'elle ne lui rapporte pendant la durée d'une longue paix : tel est, en général, l'inconvénient des petites colonies insulaires.

Mais ces inconvéniens disparaissent, si l'on choisit pour colonie, ou une île très-vaste, ou une possession continentale, et sur-tout si on la peuple par une forte émigration de la métropole. Une première population ainsi établie et livrée à l'agriculture, s'accroît dans une proportion beaucoup plus grande qu'en Europe. On verrait sans doute, comme dans les établissemens d'Amérique, la population d'une telle colonie se doubler en moins de vingt années, tandis qu'elle se double à peine sur l'ancien continent, dans l'espace de quatre-vingt. Une fois bien organisée, bien établie, bien pourvue de postes militaires judicieusement choisis, elle deviendrait promptement capable de se défendre par elle-même; et bien loin d'être à charge à la mère-patrie, elle pourrait même, dans l'occasion, agir efficacement contre ses ennemis.

Sur les craintes des scissions, avec la mère-patrie.

Lorsque, par une politique bien entendue, la mère-patrie aura élevé un établissement colonial à un haut degré de prospérité, il est question de savoir s'il est dans l'ordre des établissemens coloniaux, de tendre à une scission.

La politique nous montre d'abord, dans la perspective de sa marche future, l'anéantissement successif des petits Etats. L'effrayant perfectionnement de l'art militaire, les nombreuses armées que les grandes puissances tiennent sur pied, le démembrement des empires, ce nouvel art des cabinets; enfin tous les dangers réunis dont les grands gouvernemens menacent les petits, forceront tous ces derniers à chercher leur sûreté dans des alliances étrangères. Mais comme aucune de ces alliances ne peut s'établir sur des bases inébranlables, il ne reste d'autre ressource à une colonie dont la mère-patrie ne sera pas devenue une marâtre, comme celle des Etats-Unis, qu'un attachement constant pour la métropole, si elle veut se garantir des chances du sort et des intrigues des cabinets.

L'amour de l'indépendance peut un jour s'éveiller parmi les colons, puisqu'ils sont français : mais lorsqu'ils seront devenus dépendans d'une loi à laquelle ils auront concouru ; lorsque la législature de la métropole n'établira aucune différence entre les diverses parties de l'Empire français, quelles que soient leurs distances géographiques, il n'est point à craindre que l'amour d'une indépendance dangereuse porte une colonie à trancher des liens formés par la nature, et consolidés par la justice.

Est-il d'ailleurs aussi facile qu'on le pense, de séparer les nombreux intérêts d'union entre une colonie et sa métropole; cette multitude de sympathies entre deux peuples d'une même origine, ces sympathies qui électrisent les cœurs les plus inaccessibles à d'autres affections morales? Quand deux masses séparées d'une même nation se ressemblent toujours de langue, de caractères, de mœurs, de vices et de vertus; quand elles ne cessent de se confondre par des migrations; quand chaque père a un fils, chaque femme, un amant ou un époux, chaque homme, un ami; quand c'est toujours comme habitant d'un même pays que l'étranger vous aime ou vous hait; quand la nature et l'amitié vous conduisent au même tombeau, la gloire aux mêmes trophées, la muse de l'histoire au repentir des mêmes

crimes et au souvenir des mêmes vertus : ah ! que l'on cesse alors de craindre des scissions !

Et cette multitude de rapports indissolubles, ce talisman qui réunit ainsi les populations éparses des peuples les plus barbares, combien plus ne doit-il pas réunir, par-tout où il se trouve, le sensible et noble Français, qui trop admiré, trop haï des autres nations, est le seul peuple de la terre qui ne s'incorpore avec aucun autre !

Voyez le Canadien et l'habitant de la Louisiane ; malgré le lâche abandon de leur mère-patrie, malgré le bonheur dont ils jouissent sous un gouvernement étranger, ils refusent de s'identifier avec les mœurs, les habitudes et le langage des nations qui les ont adoptés. Ils ont toujours devant les yeux leur ingrate patrie, son sort, ses désastres, sa gloire ; et pour une réunion avec elle, ils feraient encore les sacrifices que font tous les jours, pour son salut, ceux qui en sont demeurés les soutiens. Les injustices, les oppressions seules séparent les peuples : la vie sociale, les mœurs, l'origine, la nature enfin les rapprochent. Un bon gouvernement et une égale liberté fortifient ces liens jusqu'à des temps si éloignés, que, chez un tel peuple, la possibilité d'une scission se perd sous l'horizon de l'avenir, ou du moins ne se découvre que vers ces époques éclatantes, où de grandes secousses politiques affranchiront, tôt ou tard, les possessions lointaines, de la domination européenne.

CHAPITRE

CHAPITRE II.

Sur Saint-Domingue en particulier.

Saint-Domingue tout entier à la France.

Les traités en ont décidé, mais ils ne sont pas exécutés; cependant, comme il est toujours bon de se tenir en garde contre les politiques, qui ont soutenu que la partie espagnole de Saint-Domingue ne convenait point à la France, nous allons raisonner dans l'hypothèse des traités.

Les mémoires pour et contre n'étant pas sous nos yeux, nous ne pouvons chercher leurs raisons que dans l'excellent ouvrage de Moreau-Saint-Méry, auquel nous serons obligés de recourir; ouvrage qui, par sa modeste fidélité, est un guide bien plus sûr que celui du pompeux Raynal. Moreau-Saint-Méry, dans sa description de la partie espagnole de Saint-Domingue (tome 2, pag. 191), discute avec une grande impartialité toutes les différentes assertions; il faut absolument les lire et les méditer; et nous ne devons pas enfler ce mémoire par des citations aussi longues. Nous nous contenterons de répondre aux objections faites par MM. Dubusc et Lebrasseur, et que Moreau-Saint-Méry donne page 201.

OBJECTIONS

Défense de l'île.

La guerre actuelle nous a appris, quant à ce qui concerne la science militaire, qu'il ne fallait pas poser les colonnes d'Hercule de cet art destructeur, à côté de ses anciens trophées. Ce qui avait été réputé impossible par les grands maîtres du milieu du 18.e siècle, a été exécuté, à la fin, par plus d'un héros de nos armées. La prétendue impénétrabilité des bois et des montagnes de la partie espagnole, et le défaut de routes pour le transport de l'artillerie, ne méritent aujourd'hui qu'un sourire dédaigneux de la part d'un Ministre de la guerre, auquel ces circonstances seraient présentées comme des objections à la défense de cette partie de la colonie, si elle se trouvait entre des mains françaises. La question la plus importante à examiner, serait de savoir ce que deviendrait la partie espagnole de Saint-Domingue, si elle restait à ce gouvernement : ou il la laissera sur le pied où elle est aujourd'hui, ou il y établira de superbes fortifications qu'on défendra mal, qui seront emportées, rétablies et conservées contre nous, par un vaillant rival qui les rendra relativement inexpugnables. On prétend que les seules milices la défendraient suffisamment; c'est une erreur: tout ce qu'elles pourraient faire, serait d'inquiéter et de harceler l'ennemi pendant quelque temps. Ensuite les Colons Espagnols mécontens par-tout, parce que par-tout ils seraient vexés, passeraient volontiers sous la domination d'un ennemi, qui, soit dit, sans irriter nos déclamateurs, ne l'est pas toujours des individus. Bientôt les Colons se fatigueront d'une guerre de poste, de la seule qu'ils pourront faire; et pour avoir laissé la partie espagnole entre les mains d'un faible allié, nous la verrons passer entre les mains d'un puissant ennemi. Laisser donc une partie de Saint-Domingue à l'Espagne, c'est proprement laisser aux Anglais, une avenue pour y pénétrer.

Si une des propositions les plus importantes que nous plaçons ici, était adoptée, c'est-à-dire, si l'on reconnaissait que la partie élevée et montagneuse de l'île, doit être cultivée en partie par des blancs; qu'elle peut devenir un asyle heureux pour un nombre prodigieux de pauvres de la France, et que ceux-ci peuvent y former une excellente colonie militaire; alors les frais de construction de quelques places fortes sur les hauteurs, se trouveraient amplement compensés par leur utilité. Celles établies sur les montagnes de la partie encore espagnole, seraient presque suffisantes pour empêcher un ennemi de s'établir solidement dans toute la partie de l'île; et par toutes les raisons que nous en avons données, il serait effrayant de voir les Espagnols eux-mêmes saisir de leurs faibles mains, ce dangereux moyen de défense.

Navigation, subsistances.

Si, conformément à notre théorie générale, la colonie de Saint-Domingue devenait beaucoup plus populeuse qu'elle ne l'a été et qu'elle ne le sera jamais, avec le système exclusif des noirs, tous les points avantageux pour la navigation, s'établiraient successivement, aussi bien que toutes les localités susceptibles d'admettre un autre genre d'industrie; et alors la minutieuse question sur les avantages ou les inconvéniens qu'offre aujourd'hui (vu le partage de l'île entre deux nations) le choix d'une baie ou d'un port, ne mérite pas qu'on s'y arrête.

La question des subsistances et de la culture de produits d'exportation, se résout également par l'arrivée de cette population agricole que nous proposons d'introduire ; d'agriculteurs auxquels il sera physiquement impossible de créer les produits qu'on a jusqu'ici appelés denrées coloniales. Ces derniers, habitant les montagnes, travailleront à l'alimentation de l'île, et ceux de la plaine, à la culture des denrées commerciales ; et comme la question de savoir s'il y aurait un avantage en faveur de ce dernier genre de culture, en admettant la possession de la totalité de l'île ; comme ce principe, disons-nous, n'est discuté qu'isolément par MM. Dubusc et Lebrasseur, et dans la seule hypothèse de l'ancien état de population, de la distribution et de l'emploi des noirs, on ne discutera pas, sous ces circonstances, ce qui est prouvé sous un autre point de vue.

Mais nous allons donner des raisons plus positives, déduites des principes généraux établis dans la première partie ; d'où il résultera pour la République, la nécessité de posséder Saint-Domingue tout entier.

Les montagnes de Saint-Domingue cultivées par des blancs tirés même de la métropole.

Qu'on ouvre encore l'ouvrage de Moreau-Saint-Méry, sur ce qui concerne la partie espagnole, tom. 1, page 19, on y trouvera un tableau, un paysage arcadien d'une partie de Saint-Domingue, où l'on croit communément qu'un Européen ne fait que se dessécher sous les feux d'un ciel brûlant. On y verra, au contraire, que cette île superbe renferme des sites aussi beaux, aussi convenables pour l'Européen, pour le Français, que sa patrie elle-même. Dans les parties les plus agréables de la France, le thermomètre s'élève à 18 ou 20 degrés. Il ne monte pas plus haut sur les parties montagneuses de l'île de Saint-Domingue; et ces hauteurs forment le tiers de cette vaste colonie. Les preuves en sont si faciles à vérifier, que nous nous dispenserons de les discuter: la conséquence en est également indisputable; c'est que sous un climat aussi tempéré que les climats les plus agréables de l'Europe, un Européen peut vivre et cultiver: il peut même y cultiver toute l'année, ce qu'il ne pourrait faire dans sa patrie.

S'il est donc une fois reconnu qu'une grande partie de Saint-Domingue peut être cultivée par des Européens ; si les positions élevées de cette île sont assez vastes pour recevoir et occuper tous les nouveaux Colons qu'on pourrait y disséminer ; s'il est ensuite également certain que les blancs s'acclimatent de plus en plus, et que les naturels du pays sont une troisième classe plus acclimatée encore, de génération en génération, il y a dès-lors une seconde espèce de travail à attendre, et de la part de ces derniers et de la part de la génération suivante. Il reste alors à demander si, malgré l'acclimatation successive des générations, aucune ne deviendra jamais propre à cultiver dans les plaines, comme sur les montagnes. Si nous ne nous trompons pas, Edwards est un des écrivains qui soutiennent l'acclimatation parfaite du blanc au bout d'une certaine période ; et l'opinion universelle est, qu'elle peut devenir totale. Si toutes ces assertions sont incontestables, n'est-ce pas se rendre coupable envers l'humanité, que de dédaigner la colonisation de tant de Français indigens, dans un climat qui leur promet à eux, et plus sûrement encore à leurs enfans, une vie heureuse avec un travail modéré? On *pédantise* tous les jours sur la culture et l'acclimatation des plantes, et l'on néglige celle des hommes!

DEUXIÈME PARTIE.

CHAPITRE III.

Sur le rétablissement et le maintien de l'ordre dans les Colonies, et particulièrement à Saint-Domingue.

APRÈS l'état d'esclavage, nous n'en connaissons pas de plus affreux que celui d'une anarchie sauvage ; et si nous avions à choisir entre le sort des noirs avant la révolution qui en a fait des hommes, et celui du peuple français sous Robespierre, nous préférerions celui des noirs.

L'ancien systême a fait connaître tout ce que peuvent commettre de cruautés, des hommes absolus envers d'autres hommes qui leur sont soumis ; et que si ce mode a pu faire le bonheur de quelques individus, ce n'était qu'en causant le désespoir de la multitude ; d'un autre côté, la révolution nous a démontré également que la confusion et l'anarchie produisent encore de plus grands maux, puisqu'elles causent le malheur de tous. Il n'y a donc qu'un systême raisonné d'ordre et de subordination qui puisse faire le bonheur de la majorité d'une nation. Or, comme il vaut mieux qu'une faible portion du peuple soit sacrifiée à la plus forte, quant aux avantages de l'état social, l'ordre doit être préféré à l'anarchie comme à l'esclavage.

Mais comme un des inconvéniens des gouvernemens libres est, en général, le mépris que le peuple montre envers l'autorité, et qu'il n'obéit *qu'au pouvoir*, il en résulte que de tous les points les plus difficiles à obtenir dans une République, c'est la subordination, sans laquelle cependant il ne peut exister aucun ordre.

Le rétablissement ou la ruine totale de nos colonies, particulièrement de Saint-Domingue, consiste donc à trouver une forme de gouvernement qui ait pour base l'ordre et la subordination, sans pour cela faire un peuple d'esclaves ou une horde de vagabonds.

En considérant l'état de Saint-Domingue, les ravages que l'anarchie et la guerre civile y ont causés, le temps et les dépenses nécessaires pour y rétablir l'ordre et la culture, il ne serait pas difficile de prouver qu'il serait beaucoup plus intéressant pour la France de créer une nouvelle colonie, telle qu'une colonie continentale, préférable, sous tous les rapports, à toute espèce d'établissement insulaire. Mais il s'agit ici de rétablir une colonie pour empêcher qu'à la faveur de la confusion et des dissentions qui y règnent, nos ennemis n'y fassent ce que nous aurions dédaigné d'y faire ; puisque son indépendance même deviendrait non-seulement un monument d'ingratitude, mais tournerait encore entièrement au profit du commerce anglais et de celui des Etats-Unis d'Amérique ; du commerce anglais, par l'activité mercantile et la supériorité maritime de cette nation ; de celui des Etats-Unis, par l'avantage de leur situation géographique qui favorise si puissamment leur avidité.

Les lambeaux de Saint-Domingue, quelque disséminés qu'ils soient, doivent donc être recousus et rattachés, ne fût-ce que pour empêcher qu'ils ne deviennent la proie de nos rivaux. Ce n'est qu'en rétablissant et en maintenant l'ordre dans cette colonie, que l'on peut parvenir à ce but. Pour l'y rétablir, il n'existe que deux moyens, la *persuasion* ou la *force*.

La France entière a maintenant acquis la preuve de ce que peut produire l'arme *isolée* de la raison sur un peuple corrompu, dans un siècle où, pour acquérir le titre d'honnête-homme, il suffit de n'être pas couvert de crimes. Elle sait qu'avec ce moyen seul, prêché depuis des années, elle n'a pu obtenir que de misérables imperfections qui n'ont servi qu'à rendre la multitude plus bruyante et les chefs plus audacieux. Elle a dû apprendre à sourire de pitié de l'aveugle bonhommie de quelques philosophes modernes, qui ont cru pouvoir exiger des hommes noirs, de cette classe abrutie par l'ignorance et l'esclavage, ce qu'on n'a pu obtenir au foyer même des lumières de nos propres concitoyens. Elle sait, en un mot, combien il y avait de perfidie ou d'ignorance du cœur humain, dans ceux qui ont essayé d'établir en principe que la morale suffisait pour conduire les hommes du 18.e siècle.

En effet, quel est l'homme de bien, instruit de l'état actuel de Saint-Domingue, qui osera se flatter d'être écouté, en se présentant seul au milieu d'une multitude accoutumée à la licence, pour y proclamer qu'il ne peut exister de bon gouvernement sans deux classes d'hommes, des gouvernans et des gouvernés ; que pour être un gouvernant on n'est point un tyran, et que pour être gouverné on n'est point un esclave ; que des lois sages ne sont point une oppression, mais une règle de conduite prescrite à tout citoyen par l'autorité légitime d'un Etat libre ; qu'enfin le travail exigé des individus non propriétaires, n'est point une servitude, mais un devoir, une nécessité, une vertu.

Certes, nous ne craignons pas de le dire, quelle que soit la sagesse de ces principes ; celui qui paraîtra à Saint-Domingue pour les y établir, sans être appuyé par vingt mille hommes armés pour la cause de l'ordre et de la subordination ; celui-là, dis-je, ne peut être qu'un ambitieux ou un *homme trompé.*

La tranquillité à Saint-Domingue ne s'obtiendra que comme elle s'est obtenue dans nos départemens de l'ouest : par la force, précédée de la raison et de la justice.

Le rétablissement momentané de l'ordre dans cette colonie, n'est pas le résultat le plus difficile à obtenir, puisqu'il ne faut, pour cet effet, qu'un gouvernement bien intentionné, et des hommes. La difficulté consiste à le maintenir et à le consolider. Pour le conserver, il faut,

1.° Trouver les moyens d'y rendre le peuple heureux ;

2.° Y entretenir des forces européennes et créoles, combinées sagement les unes avec les autres ;

3.° Que ces forces soient judicieusement distribuées.

Pour rendre le peuple de Saint-Domingue plus heureux qu'il ne l'était sous l'ancien gouvernement et pendant l'anarchie, il lui faut une sage liberté réglée par de bonnes lois, et la facilité de vivre avec aisance au moyen d'un travail modéré. C'est de ce secret politique que découle la prospérité des empires, leur durée, leur tranquillité, leur gloire. Sans une heureuse aisance parmi le peuple, sans une liberté limitée, point de repos, point d'ordre, point d'obéissance ; par conséquent, point de culture ni de commerce; et ce qu'il y a de plus affligeant, lorsque cet état de choses se prolonge, c'est que la guerre civile se perpétue, devient une habitude, et une habitude qui prévaut, est une loi sans sanction.

De ce principe incontestable dépend le retour et le maintien de la paix à Saint-Domingue; nous disons plus, dans la France entière, parce que la révolution n'a pris sa source que dans la misère de la grande portion du peuple, qui, en forçant le pouvoir d'alors à ne se reposer que sur la minorité qui possédait tout, avait fait du gouvernement un cône renversé. Pour qu'un gouvernement soit ferme et stable, il faut qu'il repose sur de larges bases, et ces bases sont le bonheur du peuple.

Si l'on pouvait, dans les colonies, distribuer par petites portions des terres non occupées, aux noirs qui n'en possèdent pas, la question serait bientôt décidée; mais malheureusement l'indispensable nécessité d'entretenir la grande culture, s'oppose à cette mesure, puisque les nouveaux Colons, satisfaits des premiers besoins de la vie, se contenteraient de cultiver des vivres et d'élever des animaux ; et l'on abandonnerait la culture de la canne à sucre. C'est encore par cette raison qu'il est plus difficile aux noirs non propriétaires, dans les colonies, de devenir fermiers ou tenanciers, comme dans les pays à blé, à cause des frais immenses qu'exige la culture, et la multitude de bras qu'elle emploie, résultat qui ne s'obtient qu'avec de de grands capitaux, sur-tout à une époque où il faut par-tout réédifier. Il est donc indispensable que le non propriétaire se loue ; et comme la canne à sucre demande plus de temps que les autres plantes, avant de parvenir à son degré de maturité, il est nécessaire que la durée de son engagement, soit calculée sur le temps qu'exige la culture de la canne, jusqu'au moment de sa fabrication. Sans cette sage précaution, les ouvriers qui ne seraient pas liés de cette manière pourraient, ou par caprice, ou par corruption, déserter les ateliers, et faire ainsi perdre des récoltes entières.

Si donc la culture de la canne à sucre ne peut se faire qu'en grand ; si, à cet effet, un rassemblement considérable de bras est nécessaire ; s'il faut que ces bras soient liés

par

par un engagement limité, s'il faut qu'ils agissent tous avec un ensemble, une harmonie et une activité non interrompue, il est clair que l'ordre et la discipline sont indispensables : mais comme cette discipline ne peut s'obtenir d'un grand nombre d'hommes réunis, qu'en les encadrant et en les subordonnant les uns aux autres, les ateliers d'une colonie doivent donc être considérés comme une milice travaillante, c'est-à-dire, chaque atelier en particulier, comme un régiment, un bataillon, une compagnie, suivant le nombre d'hommes dont il est composé.

C'est sur ce plan que nous proposons de réorganiser Saint-Domingue, et les moyens de réorganisation sont aussi simples que le principe.

1.° Neutraliser tous les partis, soit par la force, soit par la raison.

2.° Que tout affranchi par l'effet de la révolution, soit obligé, dans le délai de . . . de se représenter devant la municipalité de la commune à laquelle il appartenait avant les troubles de la colonie, pour y faire constater son identité, et connaître, par ce moyen, l'état effectif de la colonie.

3.° Déclarer que tous les individus non propriétaires, que la nécessité et la loi obligent au travail, seront libres de faire le choix dans la colonie, de l'atelier qui leur conviendra pour y fixer leur domicile, et qu'une fois ce choix fait, ils y contracteront un engagement pour le tems et aux conditions que la loi aura fixés (*).

(*) Nous sentons combien cette mesure entraîne avec elle d'inconvéniens; mais nous savons aussi que celle qui forcerait les noirs travaillans à rentrer dans leurs habitations respectives, en produirait de bien plus grands encore. Par exemple, comment obligerait-on un noir qui, par l'effet de la guerre ou de la révolution, aura été porté de la province du Nord dans celle du Sud où il se sera fixé, à quitter ses habitudes et ses affections, pour rentrer dans une habitation qu'il déteste peut-être? Comment un propriétaire qui, par maladie, désertion ou accidens de la guerre, aura perdu son atelier, pourra-t-il trouver des ouvriers, si tous les noirs sont forcés de retourner dans leurs anciens ateliers? On objecte que si on les laisse maîtres de se louer suivant leurs caprices, ils seront accaparés par les riches, et choisiront les habitations les plus productives. Cette objection serait bonne, si on laissait les noirs participer au produit des revenus, comme cela se pratique aujourd'hui; mais elle tombe d'elle-même, si leur salaire est fixé

4.° Incorporer chaque individu, à mesure qu'il s'en présentera, dans les différens ateliers, de la manière dont on organise une troupe ; à raison de la capacité, des dispositions et de la force de chacun d'eux ; c'est-à-dire, qu'un petit atelier de cinquante hommes compose une compagnie, qu'un du double en forme deux, et qu'un de cinq cents forme un bataillon.

5.° Combiner tous ces cadres par districts, de manière qu'en les réunissant, ils puissent former, soit des bataillons, soit des régimens ou des brigades ; donner à ces troupes des chefs et des sous-chefs, qui soient chargés de les conduire à la guerre, lorsque le salut de la patrie l'exige, et au travail, pendant la paix.

6.° Faire par atelier, proportionnellement

---

par la loi, comme celui d'un soldat ou d'un ouvrier. Il se présente cependant des inconvéniens de tous côtés ; mais ceux qui résultent de notre plan, nous paraissent plus conformes à la justice. Au reste, sans vouloir adopter un systême exclusif, ce qui nous paraît le plus convenable, serait de laisser aux administrateurs le soin de modifier cette mesure, d'après les circonstances et les dispositions locales.

à son nombre, un choix d'hommes dont l'emploi serait de maintenir la police intérieure de chaque atelier, et d'agir, lorsque le besoin l'exigera, de concert avec les troupes soldées, pour le maintien de la tranquillité générale de la colonie.

7.° Qu'une loi détermine le salaire qu'elle accordera par jour à chaque travailleur, et que ce salaire soit prélevé sur le produit de la culture de chaque habitation; qu'elle détermine également le nombre d'heures de travail qu'elle exige journellement de chaque individu.

8.° Qu'il soit expliqué clairement que les momens de travail sont les heures que chaque individu aura louées de son tems et de sa liberté; que tant qu'elles durent, il est soumis à ses chefs, et puni par eux pour tout délit d'insubordination.

9.° Que tout propriétaire sache que, passé les heures fixées pour le travail, il ne peut rien exiger de plus de ses ouvriers, à moins qu'il ne les loue volontairement, et ne les paie, de gré à gré, pour les heures de liberté qui leur appartiennent, et que la loi leur a laissées.

10.° Qu'enfin, par une loi, il soit déclaré solennellement que tout ouvrier qui, par son industrie, son économie et le bon emploi de son tems, aura acquis une propriété suffisante pour le maintien de lui et de sa famille, ne sera plus forcé de contracter aucun engagement.

Nous pouvons nous tromper ; mais nous pensons qu'une pareille milice, dans une colonie telle que St.-Domingue, la rendrait bien vîte florissante au dedans, et formidable au dehors.

Et que les démagogues, dans leur fureur, ne nous accusent pas de tyrannie, en obligeant les non propriétaires à travailler. Nous répondrons à ces fanatiques, que tout oisif non propriétaire est communément un factieux dans la société, sans cesse occupé de la destruction du corps politique, comme les vautours, de la destruction des cadavres ; qu'un des plus grands ennemis du genre humain est la pauvreté ; qu'elle détruit la liberté, rend plusieurs vertus impraticables, et d'autres très-difficiles. Peut-être les égoïstes, de leur côté, prendront-ils l'alarme, en voyant la porte ouverte à ceux qui auront assez de vertus pour devenir indépendans, et craindront que le peuple, parvenant à trop d'aisancc, ne leur offre plus de bras pour cultiver la canne à sucre. Mais que ces amis de la misère se rassurent; ils ne manqueront jamais de sucre, faute de pauvres pour le cultiver. Notre misérable civilisation, nos mœurs, nos vices, notre corruption, et, par-dessus tout, le caractère des noirs, feront toujours assez d'indigens; et s'il en arrivait autrement, quel est l'homme de bien qui ne bénirait pas le jour où il serait privé d'un objet de luxe, parce que le peuple serait devenu trop heureux! Si la culture de la canne à sucre est jamais abandonnée, ce ne sera pas par l'effet d'un état de choses si désirable, mais plutôt par celui de l'anarchie et de la guerre civile; fléaux provoqués par ces têtes déréglées, qui, oubliant que les gouvernemens, comme les individus, ont leurs progrès depuis l'enfance jusqu'à la maturité, ont voulu marcher plus vîte que la nature elle-même.

CHAPITRE IV.

Systême de defense.

APRÈS avoir organisé Saint-Domingue sur ces principes d'ordre et de justice, un des points les plus importans, est le systême militaire, qu'il convient d'adopter pour le maintien de cet ordre et de sa défense.

Tout le monde sait qu'en ne fortifiant que les côtes d'une île, suivant les anciens principes, la partie intérieure d'une colonie restait sans aucuns moyens matériels de défense. Il en résultait que, dans les tems où l'esclavage paralysait tous les bras, un de ces points principaux, une fois pris, la colonie entière l'était également, quelles que fussent ses richesses et sa population. Aujourd'hui que la liberté et une législation sage ont appelé tous les individus d'une colonie à sa défense, cette défense, sous les rapports militaires, a moins d'inconvéniens, puisque plusieurs de ces points pourraient être occupés par l'ennemi, sans, pour cela, qu'une colonie bien organisée cessât de se défendre, en prenant positions sur positions, ainsi qu'on l'a vu pendant la dernière guerre, même au milieu des troubles ; d'où il résulterait une défensive interminable. Mais le grand vice de ce systême, politiquement parlant, est dans la presque impossibilité de maintenir l'ordre, par la facilité que trouvent les mécontens de se réfugier dans les hauteurs, pour delà porter l'alarme et la désolation dans les points qu'ils trouvent sans défense; car il faut s'attendre que, quels que soient les principes équitables employés par le Gouvernement pour réorganiser les colonies, il se trouvera toujours parmi les noirs, des hommes qui préféreront la vie sauvage, à la vie civilisée; ennemis de la paix, du travail et de la propriété, inquiets, jaloux et méfians, appelant liberté les chaînes dont ils sont accablés par leurs chefs, d'autant plus pesantes, que ceux-ci seront plus ignorans ; ceux-là, dis-je, fuiront, s'ils le peuvent, l'état de civilisation, comme les nègres de la Jamaïque fuient le fouet cruel de leurs maîtres ; et les montagnes de Saint-Domingue deviendront bientôt le repaire des vagabonds qui courront y déposer leur liberté féroce ; avec cette différence, que, s'ils n'en étaient empêchés par des mesures de prudence, ils pourraient, soit par ignorance, corruption, fanatisme, ou à l'instigation des ennemis de la République, s'y porter en si grand nombre et avec tels moyens hostiles, qu'ils auraient, non-seulement la facilité de retarder le rétablissement de l'ordre à Saint-Domingue, mais encore de le rendre impossible. Pour obvier à un si grand inconvénient, qui détruirait tous les fruits que les amis de l'humanité ont le droit d'attendre de l'émancipation des noirs, il est indispensable, au moment de la réorganisation des colonies, de faire occuper, par une partie des troupes qui en seront chargées, plusieurs points centraux dans la longue chaîne de montagnes qui divise les eaux de la partie du Sud, d'avec celles de la partie du Nord.

Un coup-d'œil sur la carte suffira pour faire sentir que cette mesure est à-la-fois politique, militaire et conservatrice des hommes; elle est politique, en ce que, maîtres une fois des points centraux et des points principaux, on le sera promptement de la plaine; et que, par cette distribution, vous rassurez les habitans paisibles des campagnes, qui se sentiront protégés de toutes parts; en ce que vous intimidez les factieux qui tenteraient de troubler la tranquillité publique, par la certitude qu'ils acquerront de ne pouvoir trouver d'asyle dans les montagnes, ou d'y être attaqués avant d'avoir pu s'y rendre formidables; en ce que vous vous réservez la facilité d'ouvrir à volonté des communications avec tous les points importans de la colonie, au moyen des petits corps intermédiaires tirés des ateliers, soit à pied, soit à cheval, et organisés de la manière que nous avons indiquée, et qui, de proche en proche, peuvent se communiquer, se réunir et se former, suivant que le danger l'exigera.

Elle est militaire, parce que, dans le cas d'une insurrection majeure, les troupes des villes, de concert avec celles des campagnes, peuvent marcher à-la-fois, et attaquer les insurgens de tous côtés; parce que tous ces points centraux bien choisis, peuvent servir de camps retranchés, de places de dépôts, de points de ralliement; et comme ils tiendront les sources principales des eaux, ils tiendront également la clef de toutes les positions militaires ; et que l'ennemi ne les possédant pas, il ne possédera rien.

Elle est conservatrice des hommes, si l'on réfléchit qu'en plaçant les troupes européennes dans les montagnes, elles y trouveront une température douce, un air pur et salubre, et que le climat permettra qu'on y emploie des blancs, d'une manière utile, aux travaux que ces établissemens exigeront ; activité nécessaire aux Européens dans ces climats chauds. Enfin, en éloignant le soldat des côtes qui lui sont si funestes, par les excessives chaleurs qu'on y éprouve, l'air pestilentiel que les égoûts et les marais y font respirer ; en écartant de lui les fréquentes occasions de se livrer à toute espèce d'excès et de débauches, on ne verra plus la mort les moissonner par centaines, et réduire, en deux mois, des bataillons entiers à manquer d'hommes pour garder les drapeaux.

Qu'on ne prenne pas les avantages que nous indiquons ici pour l'effet d'une imagination exagérée, ou le désir d'offrir des idées nouvelles. C'est le fruit de la méditation soutenue d'une longue expérience ; ce fut pendant le cours de notre administration dans l'île de la Guadeloupe, que prévoyant les troubles inséparables de la nouvelle forme que le Gouvernement allait donner à ses colonies, nous fîmes défricher, occuper et jeter les premiers établissemens militaires dans les montagnes primitives de cette colonie. Ce fut par ce système que nous parvimmes sans troupes, sans argent, sans marine, sans lois, à maintenir la tranquillité dans la partie de la Basse-Terre, par le seul effet moral que cette nouvelle disposition avait produit sur les esprits de la multitude. C'est en prenant une position centrale dans la grande terre, et en faisant marcher de tous les points de la circonférence sur nous, que nous sommes parvenus à étouffer, en 24 heures, une insurrection de deux mille noirs, qui menaçaient de destruction, cette partie de la colonie. C'est par une suite de ce système, qui n'avait été qu'ébauché, que dix mille Anglais ont employé dix-neuf jours pour s'emparer d'une île dépourvue de tout, et dont la moitié des habitans leur était dévouée; tant étaient grands les obstacles qui retardèrent leur marche et les préparatifs qu'ils furent forcés de faire, avant d'attaquer des positions que la nature seule rendait déjà si redoutables. Nous ne craignons pas d'ajouter que c'est à ce systême connu depuis des Anglais, que cette colonie est redevable de n'avoir pas été réattaquée; et c'est encore lui qui l'empêchera de l'être pendant la durée de la guerre, si, comme nous le supposons, on a complété et perfectionné ces ouvrages.

Nous n'en appelerons point pour ces faits, à ces voleurs de réputations, qui ne savent que s'élever sur les ruines de ceux qui les ont précédés. Nous en appelerons à la colonie entière et aux officiers de talent qui y ont servi depuis, ou qui pourront y servir par la suite.

Quant aux dépenses que ces établissemens pourront occasionner, elles ne sont rien comparativement aux avantages que la France en retirerait par le retour de la tranquillité. C'est dans le rétablissement du commerce et de l'agriculture, c'est dans la conservation des hommes, que réside la véritable économie. Ces établissemens ne devant être pour la plupart qu'en terre et en bois, pourront être formés par les troupes elles - mêmes. L'essentiel est que ces travaux soient dirigés par des hommes honnêtes et capables. Car la première des vertus que doivent porter avec eux, les chefs chargés d'une entreprise aussi importante, c'est une sévère probité, et un grand amour de l'ordre. S'ils n'y portent que du courage, ils feront tuer des hommes, et ne rétabliront pas la paix.

Cet essai devrait naturellement se terminer par l'examen des avantages politiques, qui doivent résulter pour la République française, du rétablissement de l'ordre dans les colonies. Mais nos ennemis nous ont évité la peine de cette méditation. Nous nous contenterons donc d'emprunter un passage de l'histoire de Saint - Domingue, écrit par Edwards. Voici ce que dit sur ce sujet ce célèbre écrivain anglais.

« S'il était permis de supposer un moment, » que la France eût jamais le pouvoir et la » volonté de rétablir l'ordre, la sécurité et » la subordination dans Saint-Domingue, » en adoptant une forme de gouvernement » qui convînt à la situation présente de

» toutes les classes de citoyens ; *si telle était* » *sa bonne fortune*, il ne faut pas un grand » effort de génie, pour prévoir quel en serait le résultat.

» Les habitans de la classe mitoyenne » (middling) qui sont, dans toutes les co- » lonies, les plus industrieux, attirés par la » fertilité, le bon marché des terres et la » protection que leur offrirait un bon Gou- » vernement, s'y porteraient bien vîte en » foule, et l'on verrait bientôt dans cette » noble colonie, se former un vaste empire » qui, dans peu d'années, soumettrait et » rendrait tributaires toutes les colonies du » tropique. Placée au centre des possessions » espagnoles et anglaises, et au vent des » plus précieuses, leur commerce n'existe- » rait plus qu'avec son bon plaisir. Toutes » les richesses du Méxique seraient à sa » disposition ; et l'Espagne et l'Angleterre » auraient, mais trop tard, à réfléchir, l'une » sur l'importance de la cession qu'elle a » faite, et l'autre sur les conséquences qui » en seraient le résultat. »

Quiconque a les moindres notions du caractère anglais, sait qu'on peut s'en rapporter à leur génie pour tout ce qui tient au système colonial ; et la terreur qu'exprime si bien notre écrivain dans le cours de son ouvrage, sur le retour de l'ordre dans la colonie de Saint-Domingue, suffirait seule pour ouvrir les yeux du Gouvernement, s'il était possible qu'il lui restât le plus léger doute sur la nécessité de donner des tuteurs à ces enfans de la liberté. Car si on leur refusait ce que la nature accorde toujours à la faiblesse et à l'enfance, au lieu de cette grandeur future, de cette prospérité si flatteuse, Saint-Domingue ne présenterait bientôt plus que des hommes sauvages au milieu de la société, en guerre les uns contre les autres, ignorans sur les devoirs de la vie qui la rendent si désirable, errans, oisifs, quoique périssant de misère; et cetre colonie destinée par la nature à être si riche et si fertile, n'offrirait plus que des corps maigres, des terres incultes, et qu'une plage enfin ouverte à la traite des îles voisines. Tel est le sort qui attendrait Saint-Domingue, si l'on continuait d'écouter ces philosophes révolutionnaires qui,

qui, soit par folie, soit par méchanceté, ne craignent pas d'avancer, que les hommes sauvages sont préférables aux hommes civilisés, oubliant ou feignant d'oublier que le diamant poli est plus précieux que le diamant brut; oubliant qu'il n'y a pas d'exemple que l'homme de la nature abandonné à lui-même, ait jamais fait aucun progrès vers les qualités du cœur et de l'esprit; et que s'il est vrai que la vie sociale soit mêlée d'amertume, il est encore plus vrai que la vie sauvage n'a pas une seule douceur.

Ainsi, en résumant toutes les idées que nous avons développées dans le cours de ce mémoire, nous nous trouvons naturellement conduits à ce résultat: que pour rendre aux colonies françaises, le degré de prospérité dont elles sont susceptibles, il est indispensable de leur accorder un systême de colonisation sage et libéral; que la culture des montagnes y soit confiée à des blancs, tant créoles qu'européens, celle de la plaine à des noirs organisés en milices, mais en milices travaillantes pendant la paix; que des troupes européennes soient chargées de la défense de l'intérieur, et les troupes créoles soldées, de celles des côtes ; qu'enfin l'administration d'une colonie aussi précieuse que celle de Saint-Domingue, soit confiée à des hommes assez vertueux et assez probes pour se dévouer au bien public, au lieu de les sacrifier à leurs intérêts et à leurs intrigues.

VICTOR COLLOT.

NOTA. Si les principes développés dans ce Mémoire, étaient adoptés par le Gouvernement, les moyens d'exécution feraient le sujet d'un Mémoire particulier.

TABLE
DES CHAPITRES.

PREMIÈRE PARTIE.

DEUXIÈME PARTIE.

FIN DE LA TABLE.

www.ingramcontent.com/pod-product-compliance
Lightning Source LLC
LaVergne TN
LVHW010054230826
846091LV00005B/1931

* 9 7 8 2 0 1 3 4 2 2 4 1 3 *